I HAVE A DREAM

52 ICÔNES NOIRES QUI ONT MARQUÉ L'HISTOIRE

casterman

CE LIVRE EST UNE LETTRE D'AMOUR

Une lettre d'amour à nos ancêtres, mais aussi à toutes les personnes noires de la jeune génération qui s'efforcent de faire changer les choses, dans l'esprit de Martin Luther King et de son célèbre discours, *I have a dream*.

Prononcé en 1963, un siècle après l'abolition de l'esclavage aux États-Unis, ce discours marque une étape décisive dans la lutte contre les discriminations, en prônant la liberté et l'égalité face à la haine et à la violence. Deux ans après sont adoptées des lois anti-ségrégation, étendant les droits civiques des Noirs. Et trois ans plus tard, Martin Luther King est assassiné.

Aujourd'hui, malgré des avancées notables, la ségrégation continue de sévir partout dans le monde et les personnes de couleur restent encore et toujours victimes d'inégalités.

Dans ce contexte, notre livre veut faire résonner une mélodie : celle de la chanson « To Be Young, Gifted and Black », **« Être jeune, talentueux et noir »**, écrite par l'une des grandes chanteuses présentées dans ces pages, Nina Simone. Dédiée à son amie Lorraine Hansberry, première femme noire à avoir vu l'une de ses pièces de théâtre jouée à Broadway, la chanson rend hommage à un autre discours, **The Nation Needs Your Gifts**, « La nation a besoin de vos talents », que Lorraine prononça devant de jeunes auteurs noirs.

À l'époque où j'ai commencé à écrire, je n'osais pas faire lire mes histoires. Mon défunt grand-père, né en 1911 et qui avait grandi au sein d'une communauté ségréguée, m'est alors apparu en rêve. Il m'a dit : « Pars à New York. Écris. Écris les livres dont tu aurais eu besoin quand tu étais plus jeune. » Il a su déceler avant moi tout mon potentiel.

Andrea, quant à elle, a illustré cet ouvrage alors qu'elle était enceinte et cette expérience a cristallisé à ses yeux l'importance des livres mettant en avant des personnages auxquels son petit garçon ressemblera. Nous voulons que chaque lecteur de cet ouvrage comprenne à quel point le monde a besoin de ses multiples talents. Nous voulons qu'il prenne conscience de sa richesse intérieure aujourd'hui, demain et pour le reste de sa vie.

Nous croyons toutes deux au pouvoir de créer ce que nous avons besoin de voir exister. Les livres que nous lisons et les médias que nous consommons influencent grandement notre appréhension de nous-mêmes et de nos capacités – car comment pourrait-on s'accomplir sans modèle qui nous ressemble ? Ceux-ci influencent également la façon dont nous nous comprenons les uns les autres. Et même si beaucoup de choses ont changé depuis les discours de Martin, de Lorraine ou encore la chanson de Nina, les films que nous voyons à l'école et à la télévision présentent souvent les personnes de couleur et leurs réussites sous un angle limité.

Tous les enfants méritent de se voir représentés de façon positive dans les histoires. Voilà pourquoi nous mettons en avant le talent, les actions et les combats menés par des Noirs du monde entier, en nous adressant à des lecteurs de tous horizons.

Ce livre est un commencement et non une fin. Nous t'invitons à un voyage dans le temps, par-delà les frontières et même dans l'espace (avec l'astronaute Mae Jemison !). C'est un petit aperçu de tous ces héros du monde entier, célébrés ou non, qui font la richesse de notre histoire et dont tu fais toi-même partie, comme tous ceux qui te sont proches.

Tirons des leçons du passé et imaginons l'avenir avec audace. Les cinquante-deux icônes visionnaires que nous avons choisies ont en commun de présenter des talents uniques, mais également d'avoir connu des chagrins comme de très grands succès. Elles ont courageusement poursuivi leurs rêves d'enfant, voilà ce qui les unit toutes.

Nous espérons que ces artistes, militants, entrepreneurs, médecins et idéalistes qui nous ont permis d'envisager un avenir meilleur seront pour toi une source d'inspiration.

Jamia Wilson & Andrea Pippins

Héroïne de la guerre de Crimée, Mary Seacole est l'une des premières INFIRMIÈRES à avoir soigné les soldats britanniques sur le front des combats.

Enfant, la jeune Mary apprend de sa mère, une Jamaïcaine noire et libre, la médecine des Caraïbes. Guérisseuse naturopathe, elle s'entraîne en soignant des poupées et des animaux domestiques, avant d'appliquer son savoir-faire aux humains.

En 1854, Mary vit à Londres lorsque le grand public découvre les souffrances subies par les soldats de la guerre de Crimée. Au début du conflit, elle tente en vain de rejoindre l'équipe d'infirmières de Florence Nightingale – comme beaucoup d'autres volontaires dont la candidature a été refusée sur des critères de couleur de peau ou de classe sociale. Déterminée à apporter son aide, Mary part sur le front à ses propres frais pour mettre en pratique ses compétences.

En 1855, elle fait construire le British Hotel, à proximité de Balaklava, destiné à soigner les soldats blessés. Elle contribue à contenir une épidémie de choléra en distribuant des remèdes dans les hôpitaux sur les lignes de front de Crimée.

Après son décès en 1881, **« Mother Seacole »** reste dans les mémoires comme celle qui a courageusement entrepris de soigner les malades et les blessés, et qui a défié la discrimination à une époque où les droits des femmes noires étaient restreints.

Matthew Alexander Henson est le premier EXPLORATEUR afro-américain de l'Arctique. Il y est allé six fois en dix-huit ans.

Né dans une famille de métayers pauvres, Matthew devient orphelin alors qu'il est encore enfant. À l'âge de 11 ans, il fait la plonge au Janey's Home-Cooked Meals Cafe pour subvenir à ses besoins. Il aime tout savoir de la vie des clients. Les marins et les voyageurs, en particulier, le fascinent.

À 12 ans, il parcourt 60 km à pied pour rejoindre Baltimore, où il embarque sur un cargo de la marine marchande. Une fois embauché, il apprend à lire et à écrire grâce au capitaine du navire. Comme son goût pour l'aventure ne le quitte pas, Matthew fait le tour du monde en bateau.

En 1890, il prend part à la première expédition arctique du navigateur Robert Peary, sur la pointe nord du Groenland. Il couvre presque 16 000 km en chiens de traîneau à travers le Groenland et le Canada.

Son équipe entre dans l'Histoire : il s'agit de la première mission d'exploration à atteindre le pôle Nord, en 1909. Matthew déclare alors : **« Je crois que je suis le premier homme à être sur le toit du monde. »**

AVA DUVERNAY

24 AOÛT 1972
LONG BEACH, CALIFORNIE

ÉTATS-UNIS

Première RÉALISATRICE noire nominée aux Golden Globes, Ava DuVernay est aussi la première Afro-Américaine à obtenir le prix de la mise en scène au Festival de Sundance, en 2012.

Ava grandit près de Compton, une ville majoritairement noire et latino dans la banlieue sud de Los Angeles. Elle est scolarisée dans une école catholique pour filles et c'est en regardant des films avec sa tante Denise que naît sa passion pour le cinéma.

À cette époque, Ava se rend souvent dans la maison d'enfance de son père à Hayneville, dans l'Alabama, pendant les vacances scolaires. Elle explique plus tard que ces séjours ont servi d'inspiration au film *Selma*, nommé aux Oscars, qui traite des marches pour le droit de vote des Noirs dans les années 1960.

Publicitaire devenue réalisatrice, Ava DuVernay attribue son succès à sa créativité et à sa détermination. Son conseil aux réalisateurs en herbe ? **« Soyez passionnés et avancez avec enthousiasme chaque heure de chaque jour, jusqu'à ce que votre but soit atteint. »**

PILOTE lors de meetings aériens, Bessie Coleman est la première Afro-Américaine et Amérindienne à avoir volé devant un public.

Née au Texas dans une famille de treize enfants, Bessie fait chaque jour quatre heures de marche pour aller à l'école. Élève brillante, elle excelle en mathématiques et en lecture. Quand elle n'est pas plongée dans ses études, elle aide aux travaux de la ferme familiale et se rend à l'église. Sa détermination et son énergie lui valent d'être admise à l'université Langston, dans l'Oklahoma. Mais les frais d'inscription sont très élevés et Bessie doit arrêter ses études à la fin du premier semestre.

À 23 ans, alors qu'elle travaille comme manucure, Bessie entend des récits de pilotes de la Première Guerre mondiale. Leurs aventures lui donnent envie d'apprendre à voler. Comme les écoles de pilotage américaines refusent les femmes et les Noirs, Bessie se rend en France pour passer son brevet de pilote. Un accident d'avion réduit à néant son rêve d'ouvrir une école de pilotage pour personnes de couleur, mais son héritage se perpétue. Des années plus tard, Mae Jemison, la première femme astronaute noire à se rendre dans l'espace, emporte avec elle une photo de **« Bessie la courageuse »** lors de sa première mission.

BARACK OBAMA
4 AOÛT 1961
HONOLULU, HAWAÏ-ÉTATS-UNIS
MICHELLE OBAMA
17 JANVIER 1964
CHICAGO, ILLINOIS-ÉTATS-UNIS

Barack Hussein Obama est le 44e PRÉSIDENT DES ÉTATS-UNIS D'AMÉRIQUE et le premier président afro-américain du pays.

Barack Obama naît à Honolulu d'un père économiste de nationalité kenyane et d'une mère anthropologue de nationalité américaine. Il passe son enfance à Hawaï et en Indonésie, où il partage son temps entre l'école et les terrains de basket-ball. Il fréquente des écoles catholiques et musulmanes et ces expériences élargissent sa vision du monde. **« J'ai bénéficié d'une multiplicité de cultures qui m'ont toutes nourri »**, déclare-t-il un jour.

Barack fait ses études à l'Occidental College de l'université Columbia. Une fois son diplôme en poche, il choisit de travailler au service d'un quartier noir défavorisé de Chicago, avant de s'inscrire à la faculté de droit de Harvard. Il exerce ensuite comme avocat et enseignant des droits civiques à l'université et rédige un récit autobiographique sur la question des origines et de l'identité, intitulé *Les Rêves de mon père*. Puis il devient sénateur de l'Illinois.

Son engagement pour le service public et au sein d'organisations citoyennes lui permet de remporter l'élection présidentielle de 2008. Il est réélu en 2012.

Michelle Obama, AVOCATE de métier, est aussi la 44e PREMIÈRE DAME DES ÉTATS-UNIS. Elle est la première Afro-Américaine à avoir occupé cette fonction.

Michelle LaVaughn Robinson naît et grandit dans les quartiers sud de Chicago. Elle vit alors dans un petit pavillon avec ses parents et son frère aîné. Encouragés par leur famille, qui accorde beaucoup d'importance à la lecture et à l'éducation, Michelle et son frère sautent tous deux une classe.

Les brillants résultats scolaires de Michelle lui permettent d'intégrer la première école d'excellence de Chicago, d'où elle sort deuxième de promotion, avant de poursuivre ses études à Princeton et à la faculté de droit de Harvard. Elle déclare : **« Pour moi, l'éducation était le pouvoir. »**

Michelle travaille ensuite comme avocate, administratrice municipale et employée à l'aide sociale de proximité. En tant que Première dame, elle marque les esprits par ses talents d'oratrice, mais c'est aussi une icône de la mode, une porte-parole des familles de soldat et une militante sur les questions de santé et de bien-être.

Barack et Michelle Obama sont mariés depuis 1992 et ont deux filles, Malia et Sasha.

15 SEPTEMBRE 1977 - ENUGU, NIGERIA

Chimamanda Ngozi Adichie est une ÉCRIVAINE récompensée par le prestigieux prix MacArthur. Ses romans sont traduits dans une trentaine de langues.

Chimamanda grandit à Enugu, dans le sud-est du Nigeria, au sein d'une famille de six enfants. Son père enseigne alors les statistiques à l'université du Nigeria, où sa mère est la première femme responsable du bureau de la scolarité. Chimamanda apprend à lire à 4 ans et commence à écrire dès qu'elle maîtrise l'orthographe.

La plupart des livres qu'elle lit dans son enfance mettent en scène des personnages britanniques ou américains, qui ne reflètent en rien la réalité du Nigeria. Bien que ces livres aient influencé ses premiers écrits, Chimamanda explique qu'en découvrant plus tard les auteurs africains, elle a **« compris que les romans pouvaient abriter des personnes qui lui ressemblent »**. C'est ce qui l'a poussée à mettre en avant sa propre culture.

Célèbre pour ses discours et ses écrits sur l'égalité des genres, ainsi que pour la variété de ses approches narratives, l'auteure de *Nous sommes tous des féministes* et d'*Americanah* incite à l'ouverture d'esprit avec chacun de ses récits.

À la sixième place des femmes les plus rapides de tous les temps, Cathy Freeman est une CHAMPIONNE DE SPRINT qui a fait la une des journaux.

Quand la famille de Cathy Freeman remarque son talent pour la course, sa mère la pousse à développer ses capacités. Membre de la tribu des Kuku Yalanji, Cathy doit d'abord faire face à des difficultés liées à l'instabilité financière et à la discrimination raciale dont souffrent les siens. À l'école primaire, elle est privée de médailles, car ces dernières sont réservées aux filles blanches qu'elle bat pourtant à plate couture.

Face à ces épreuves, elle témoigne d'une incroyable ténacité : **« Il faut viser les étoiles et essayer d'accomplir l'impossible. »** Une bourse lui permet de s'inscrire aux championnats scolaires nationaux, qui lui donnent ensuite accès aux championnats d'Australie et aux championnats du monde juniors.

Cathy a marqué l'Histoire en étant la première Australienne aborigène à participer aux Jeux olympiques. Cet événement a permis de sensibiliser le grand public aux problèmes auxquels est confronté son peuple. Quand elle remporte l'or olympique en 2000, elle se met pieds nus pour effectuer son tour d'honneur, en hommage à sa tribu d'origine.

George Washington Carver

1863 OU 1864 - 5 JANVIER 1943
DIAMOND, MISSOURI - ÉTATS-UNIS

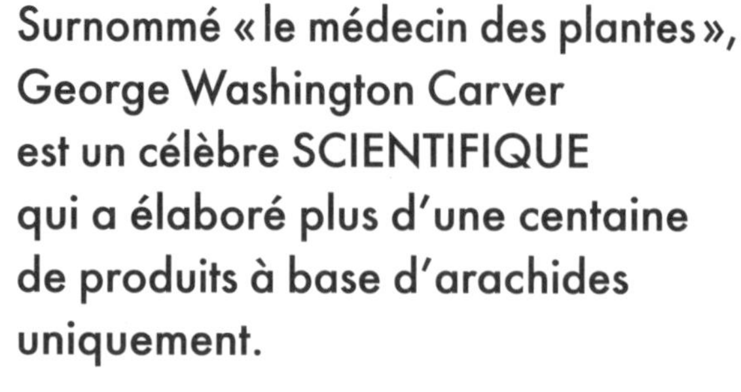

Surnommé « le médecin des plantes », George Washington Carver est un célèbre SCIENTIFIQUE qui a élaboré plus d'une centaine de produits à base d'arachides uniquement.

George Washington Carver naît esclave à Diamond Grove, dans le Missouri, pendant la guerre de Sécession. Âgé de quelques jours, il est kidnappé par des hors-la-loi. Vers la fin de la guerre, il reviendra sur son lieu de naissance.

Le petit George est un enfant chétif, qui passe son temps à s'occuper des tâches ménagères et du jardinage. Après l'abolition de l'esclavage, c'est dans la famille de ses anciens maîtres qu'il apprend à lire et à écrire.

Refusé à l'université parce qu'il est noir, il se rend dans l'Iowa, où il s'initie aux arts, au piano et à la botanique. Il devient par la suite le premier étudiant et le premier enseignant de couleur à l'université d'État de l'Iowa.

Fort de son succès, il se voit confier la direction du département d'agriculture au Tuskegee Institute. Ses découvertes et ses inventions permettent aux producteurs de coton pauvres d'adapter leurs cultures et d'être en meilleure santé. Pour son savoir-faire en agriculture et ses avancées révolutionnaires, le magazine *Time* le surnommera **« le Léonard noir »**, en référence à l'artiste et inventeur italien Léonard de Vinci.

ÉCRIVAINE renommée, auteure d'une soixantaine d'ouvrages, dont la série *Entre chiens et loups*, Malorie Blackman a reçu le prix de littérature jeunesse du Royaume-Uni.

Originaire de la Barbade par ses parents, Malorie Blackman naît à Londres. Passionnée de littérature, elle a lu à l'âge de 11 ans tous les livres pour enfants de la bibliothèque de son quartier, dont l'un de ses préférés, *Le Fauteuil d'argent*, de C. S. Lewis.

À 28 ans, Malorie publie son premier roman, *Not So Stupid*, après avoir travaillé comme informaticienne. Avant de trouver un éditeur, son manuscrit a été refusé plus de quatre-vingts fois.

C'est à sa persévérance qu'elle doit son succès : auteure prolifique, elle est aussi la première écrivaine de couleur à remporter le prix de littérature jeunesse au Royaume-Uni. Elle endosse la fonction d'officier de l'ordre de l'Empire britannique et, à ce titre, elle appelle à davantage de diversité dans la littérature pour enfants. **« La lecture est un exercice d'empathie ; un exercice qui consiste à enfiler pendant un temps les chaussures de quelqu'un d'autre. »**

Harriet Tubman

1822 - 10 MARS 1913
COMTÉ DE DORCHESTER, MARYLAND - ÉTATS-UNIS

Surnommée Moïse, Harriet Tubman est une célèbre MILITANTE ABOLITIONNISTE. Elle a conduit des centaines d'esclaves à la liberté par un réseau d'évasion appelé le Chemin de fer clandestin.

Harriet Tubman naît esclave dans le Maryland. Elle est domestique dès l'âge de 5 ans. À 12 ans, on la force à travailler dans les champs. Frappée par un contremaître pour avoir défendu un autre esclave, elle est blessée à la tête ; le traumatisme entraîne des visions et des rêves qui ne la quittent jamais.

En 1849, Harriet s'enfuit de peur d'être vendue. En suivant l'étoile du Nord, elle arrive à Philadelphie. Elle décide alors de sauver sa famille et de nombreux autres esclaves. À dix-neuf reprises, elle retourne ainsi dans le Sud à ses risques et périls, en se servant du Chemin de fer clandestin – un réseau de refuges et de complices sur lesquels pouvaient compter les fugitifs.

Tubman, qui a aussi pris position publiquement en faveur des droits des femmes, a un jour déclaré qu'elle **« n'avait jamais perdu un seul passager »** en parlant des quelque trois cents esclaves qu'elle a menés à la liberté.

Mo Farah est l'un des plus grands athlètes anglais. COUREUR DE FOND, il a été anobli par la reine après sa double médaille d'or aux Jeux olympiques de Rio de 2016.

Né en Somalie, Mo habite d'abord avec sa grand-mère et son frère jumeau à Djibouti avant d'emménager en Angleterre. À son arrivée au Royaume-Uni, à l'âge de 8 ans, il ne parle pas anglais : il doit s'adapter à la fois à une nouvelle école et à une nouvelle culture, sans son jumeau à ses côtés.

Enfant, son rêve est de devenir joueur de football pour Arsenal, mais il se concentre sur l'athlétisme, car il est rapide et endurant. C'est au lycée qu'il commence à s'entraîner de manière intensive, avec l'aide de son professeur de sport.

Depuis sa victoire au championnat scolaire de cross-country d'Angleterre à l'âge de 15 ans, Mo Farah brille sur la piste et bat des records dans le monde entier. Les valeurs olympiques que sont **« l'honnêteté, l'équité et l'amitié »** constituent les clés de son succès.

JEAN-MICHEL BASQUIAT

22 DÉCEMBRE 1960 - 12 AOÛT 1988 - BROOKLYN, NEW YORK - ÉTATS-UNIS

Jean-Michel Basquiat est un artiste de rue et PEINTRE expressionniste américain qui a collaboré avec Andy Warhol, chef de file du pop art.

Fils d'une mère portoricaine et d'un père haïtien, Jean-Michel Basquiat devient membre junior du musée de Brooklyn dès l'âge de 6 ans. Parlant couramment français, anglais et espagnol à 11 ans, Jean-Michel rêve de devenir dessinateur de bandes dessinées.

À la suite d'un accident de voiture, sa mère lui offre un livre de médecine, *Gray's Anatomy*. Fasciné par la structure du corps humain, il s'en inspire par la suite dans ses œuvres. Au lycée, il écrit de la poésie, compose de la musique et pratique le *street art*, apprenant sur le tas : **« Je commence un dessin et je le finis. »**

Ses graffitis connaissent un grand succès, attirant l'attention du monde de l'art. Ses peintures sont saluées par la critique alors qu'il n'a qu'une vingtaine d'années. Basquiat mélange avec inventivité les « arts majeurs » et la culture pop, tout en intégrant des références au jazz, au hip-hop et à l'histoire des Noirs. C'est cette richesse qui le propulse parmi les plus grands artistes de son époque. À sa mort, il laisse derrière lui plus de mille œuvres qu'il n'avait jamais montrées.

JESSE OWENS

12 SEPTEMBRE 1913–
31 MARS 1980
OAKVILLE, ALABAMA
ÉTATS-UNIS

Autrefois surnommé l'homme le plus rapide du monde, le CHAMPION OLYMPIQUE Jesse Owens a remporté quatre médailles d'or aux Jeux de Berlin.

James Cleveland Owens est un enfant chétif dont la santé l'empêche parfois d'aider sa famille à la ferme. Il a 8 ans quand ses parents quittent l'Alabama pour l'Ohio, dans l'espoir d'y trouver de meilleures conditions de travail.

Un jour, son maître écrit au tableau ses initiales : « J. C. », qu'on prononce en anglais « Jesse ». Ce surnom ne le quitte plus.

Au lycée, Jesse rejoint l'équipe d'athlétisme. Il bat des records sur le 100 et le 200 mètres, ainsi qu'en saut en longueur, à tel point que son entraîneur dit qu'il flotte littéralement dans les airs. Son succès attire les recruteurs des universités. Jesse devient le premier capitaine noir de son équipe universitaire, dans l'Ohio. **« Nous avons tous des rêves mais pour pouvoir les réaliser, il faut faire preuve de détermination, de dévouement, d'autodiscipline et se donner beaucoup de mal. »**

Ses incroyables performances aux JO de Berlin en 1936 contredisent l'idéologie de l'Allemagne nazie, qui prône la supériorité de la race blanche, et le rendent célèbre dans le monde entier.

BEYONCÉ

4 Septembre 1981 HOUSTON, TEXAS ÉTATS-UNIS

Beyoncé Knowles est une POP STAR qui a remporté plusieurs disques de platine et Grammy Awards. Elle est connue pour sa voix soul inimitable, son style iconique, ses clips vidéo percutants et ses performances en concert à couper le souffle.

Toutes deux talentueuses, les sœurs Knowles ont aussi en commun d'être des icônes glamour qui racontent à merveille les histoires et qui n'hésitent pas à s'engager sur des sujets de société.

Fille d'une propriétaire de salon de coiffure et d'un homme d'affaires, Beyoncé est l'aînée des deux sœurs. Enfant, elle prend des cours de danse et remporte un concours à l'école primaire de Saint Mary, grâce à sa remarquable interprétation de la chanson « Imagine » de John Lennon.

À 8 ans, elle rejoint Girl's Tyme, un groupe composé de cinq filles, géré par son père. Malgré leur défaite lors d'un show télévisé, les filles persévèrent et le groupe devient Destiny's Child. C'est le début de leur fulgurante ascension vers la gloire.

Leadeuse incontestée du groupe, Beyoncé devient alors très célèbre. Elle débute sa carrière solo en 2003, et se retrouve immédiatement en tête du hit-parade. Celle qui se décrivait comme une **« enfant introvertie qui brise sa coquille sur scène »** est aujourd'hui l'une des plus grandes stars du monde.

SOLANGE

24 JUIN 1986
HOUSTON, TEXAS
ÉTATS-UNIS

Solange Knowles est une auteure-compositrice récompensée aux Grammy Awards, mannequin, actrice, défenseuse de la justice sociale et STAR DE LA SOUL.

Solange, la sœur cadette de Beyoncé, parle souvent des femmes qui se rendaient dans le salon de coiffure de leur mère comme de ses « 2 000 tantes ». Solange leur doit son goût pour l'art de la narration et son engagement en faveur des femmes et des jeunes filles.

À l'école primaire, elle termine deuxième lors d'un concours de chanson très connu aux États-Unis. Ensuite, adolescente, elle devient danseuse figurante pour le groupe Destiny's Child ; c'est d'ailleurs sur l'album *8 Days of Christmas* qu'elle fait ses débuts en tant que chanteuse professionnelle, en 2001.

Scolarisée dans une école privée où la plupart des élèves sont blanches, Solange vient en aide aux autres filles de couleur. Elle lance le BF Club pour **« créer un esprit de camaraderie dans un lieu qui semblait ne pas [leur] appartenir »**.

Sorti en 2016, l'album *A Seat at the Table* (« Une place à table ») devient le symbole de son engagement social et politique avec des chansons comme « Rise », écrite en mémoire de Michael Brown, un adolescent noir tué par un policier blanc dans la ville de Ferguson.

Katherine Johnson, PHYSICIENNE et MATHÉMATICIENNE, a calculé la trajectoire du premier vol américain dans l'espace.

Katherine a toujours adoré les chiffres. Elle aime la certitude que procurent les mathématiques : **« soit vous avez raison, soit vous avez tort »**, explique-t-elle. À 10 ans, elle entre au lycée et à 15 ans à l'université, où elle brille par son appétit de connaissances.

Rêvant de devenir mathématicienne, elle pense d'abord devoir choisir entre infirmière et enseignante, car l'accès à l'éducation et à l'emploi n'est pas égalitaire. À l'université, Katherine se spécialise malgré tout en géométrie, dans l'étude des lignes, des formes et des angles.

Sa détermination la conduit à la NASA (l'agence spatiale américaine), où elle calcule la trajectoire des vaisseaux spatiaux, depuis leur orbite autour de la Terre et jusqu'à leur alunissage. Grâce à son travail, le champ des mathématiques et de l'informatique s'ouvre petit à petit aux femmes et aux Afro-Américains.

En 2015, elle reçoit la médaille présidentielle de la Liberté, la plus haute décoration civile des États-Unis.

Josephine Baker

3 JUIN 1906 - 12 AVRIL 1975
SAINT-LOUIS, MISSOURI
ÉTATS-UNIS

Joséphine Baker est une ARTISTE DE MUSIC-HALL française née aux États-Unis, ESPIONNE pour la Résistance durant la Seconde Guerre mondiale et MILITANTE DES DROITS CIVIQUES.

Fille d'une lavandière et d'un batteur, Joséphine grandit dans la pauvreté. Forcée à travailler comme servante pour nourrir sa famille, elle assume des responsabilités d'adulte à seulement 8 ans.

À 13 ans, elle s'enfuit de chez elle. Quand elle ne travaille pas, elle se produit dans la rue. Grâce à son talent, elle obtient une place de danseuse, chanteuse et comédienne dans de petits spectacles de music-hall.

Plusieurs années après, elle fait ses débuts sur Broadway dans la comédie musicale *Shuffle Along*. Son succès la propulse en France en 1925, où elle conquiert le cœur du public. En une décennie, Joséphine devient l'une des stars les plus connues d'Europe, après avoir dansé dans une robe faite de bananes pendant son spectacle phare, ***La Folie du jour***.

Quand la Seconde Guerre mondiale éclate, elle aide les forces alliées en travaillant comme espionne. Elle profite d'une tournée en Europe pour faire passer des messages secrets qu'elle dissimule dans ses partitions. Après la guerre, elle adopte douze enfants.

Le DIPLOMATE ghanéen Kofi Annan est l'ancien secrétaire général des Nations unies ; il a reçu le prix Nobel de la paix.

Kofi et sa sœur jumelle naissent en Côte-de-l'Or – c'est l'ancien nom du Ghana – dans une famille d'aristocrates. Kofi est scolarisé dans un internat chrétien jusqu'au bac, qu'il obtient en 1957, année où le Ghana devient la première colonie britannique d'Afrique à déclarer son indépendance.

Passionné par l'éducation et convaincu que **« savoir, c'est pouvoir »** et que **« l'information est libératrice »**, Kofi étudie dans quatre universités au Ghana, en Suisse et aux États-Unis.

En 1962, il rejoint les Nations unies, où il devient finalement secrétaire général et envoyé spécial en Syrie. Il reçoit, conjointement avec les Nations unies, le prix Nobel de la paix en 2001, « pour son travail en faveur d'un monde mieux organisé et plus pacifique ».

Langston Hughes est l'un des ÉCRIVAINS les plus connus de la Renaissance de Harlem, un mouvement artistique qui marque le renouveau de la culture afro-américaine de l'entre-deux-guerres.

Langston est élevé par sa grand-mère à Lawrence, dans le Kansas. Quand cette dernière meurt, il part dans l'Illinois, puis dans l'Ohio pour vivre avec sa mère. À l'école, il est élu poète de la classe par ses camarades.

Son diplôme en poche, Langston part vivre un an au Mexique avec son père. En 1926, il publie « The Negro Speaks of River » (« Le Nègre parle des fleuves ») dans *The Crisis*, un magazine politique fondé par W. E. B. DuBois œuvrant pour l'avancée des droits civiques des Noirs et dénonçant les discriminations raciales dont ils sont l'objet. Il travaille comme steward sur un bateau entre l'Afrique et l'Espagne, avant de publier un recueil de poésie à Paris.

« Accrochez-vous à vos rêves, car quand les rêves meurent, la vie devient un oiseau aux ailes brisées qui ne peut plus voler », écrit-il. C'est ainsi qu'il devient un écrivain prolifique, en dépit des difficultés qu'il rencontre. Il rédige plus de soixante ouvrages dont des mémoires, des romans, des comédies musicales, un opéra, des poèmes pour enfants, des nouvelles et des pièces de théâtre.

TONI MORRISON

18 FÉVRIER 1931
LORAIN, OHIO
ÉTATS-UNIS

La ROMANCIÈRE Toni Morrison est la première femme d'origine afro-américaine à avoir reçu le prix Nobel de littérature.

Toni naît dans une famille de la classe ouvrière, dans l'Ohio. Ses parents lui apprennent à apprécier la musique, la lecture et les traditions.

Elle grandit dans un quartier où règne la mixité sociale et affirme plus tard n'avoir pris pleinement conscience de ce qu'est le racisme qu'à partir de son adolescence. **« Quand j'avais 6 ans, personne ne pensait que j'étais inférieure. J'étais la seule élève de couleur de la classe et la seule enfant à savoir lire »**, explique-t-elle.

Studieuse et déterminée, Toni obtient sa licence avec mention. Elle part à Washington D. C. pour étudier à l'université Howard, puis à la Cornell University de New York. Plus tard, elle devient professeure et publie son premier roman, *L'Œil le plus bleu*.

Son dévouement pour son art lui vaudra de recevoir le prix Pulitzer, le prix Nobel et la médaille présidentielle de la Liberté.

JOUEUR DE CRICKET de renommée internationale, Brian Lara a battu de nombreux records dans sa discipline. Il est considéré comme l'un des plus grands batteurs de tous les temps.

Avant-dernier enfant d'une fratrie de onze, Brian commence à jouer au cricket à l'âge de 6 ans. Très tôt initié au maniement de la batte, il peut se targuer à 14 ans d'avoir marqué 745 courses, avec une moyenne de 126,16 courses par manche. C'est ce qui motive sa sélection au sein de l'équipe trinidadienne des moins de 16 ans.

À vingt ans, il devient le plus jeune capitaine de Trinité-et-Tobago. Il fait la une des journaux en battant deux records en 1994 et en devenant meilleur marqueur en 2005. **« Comme la plupart des sportifs, je suis très nerveux avant de prendre la batte. Je me demande quel sport ne rend pas nerveux. »**

Ce gaucher aux innombrables victoires détient le record individuel du score le plus élevé en *first-class cricket*. Aujourd'hui ambassadeur du sport et du tourisme, Brian a troqué sa batte contre un club de golf. Il participe à des tournois de golf entre célébrités aux quatre coins du monde.

(SARAH BREEDLOVE) 23 DÉC. 1867 - 25 MAI 1919
DELTA, LOUISIANE - ÉTATS-UNIS

Madam C. J. Walker est la première femme noire à avoir été MILLIONNAIRE. Elle a pour cela créé une gamme de produits capillaires qui a connu un succès phénoménal.

De son vrai nom Sarah Breedlove, Madam C. J. Walker naît dans la plantation où ses parents avaient été maintenus en esclavage pendant la guerre de Sécession. Après la perte de ses parents à l'âge de 7 ans, elle se rend dans le Mississippi avec sa sœur Louvenia pour se construire un avenir meilleur.

En 1906, Sarah épouse C. J. Walker et prend son nom. Victime, comme de nombreuses femmes de l'époque, de l'alopécie, une maladie responsable de la chute des cheveux, elle élabore elle-même un traitement qu'elle commence à vendre à d'autres femmes de couleur souffrant de la même affection.

C'est le début de son empire de produits de beauté, dont elle fait la promotion dans les journaux édités par des Noirs grâce à des réclames qui montrent des photos d'elle-même prises « avant et après ». Elle vend ses produits dans les églises et forme d'autres personnes à faire connaître le mode de vie qu'elle incarne.

Connue pour avoir dit : **« C'est à moi-même que je dois mes débuts »**, Walker devient un modèle pour ceux qui cherchent à réaliser leurs rêves. Elle crée des emplois pour les femmes et participe au financement de différentes associations caritatives. Elle se rend également à la Maison-Blanche pour pousser le président Wilson à mettre un terme à la violence raciale.

Yannick Noah est un JOUEUR DE TENNIS français qui a remporté le tournoi de Roland-Garros en 1983. Il est à plusieurs reprises capitaine de l'équipe de France lors de la coupe Davis et de la Fed Cup.

Né d'une mère française et d'un père camerounais, Yannick Noah marche dans les traces de son père, joueur de football professionnel, en embrassant une carrière sportive.

Enfant, il passe l'essentiel de son temps sur les courts de tennis et fabrique même sa propre raquette. Ses efforts portent leurs fruits et il attire l'attention d'Arthur Ashe, une légende du tennis. Contraint de passer des mois entiers loin de sa famille pour s'entraîner, il trouve dans la musique un moyen de surmonter la solitude. **« Quand on chante, on ne parle pas des problèmes quotidiens. On parle des choses qui nous inspirent »**, a-t-il dit.

À 18 ans, Yannick devient joueur professionnel et remporte par la suite le tournoi de Nice, les Internationaux d'Italie ainsi que le tournoi de Wembley, grâce à son style flamboyant.

Aujourd'hui, son héritage se perpétue par le biais de son association « Les Enfants de la Terre », qui vient en aide aux enfants isolés, et à travers son fils, le basketteur Joakim Noah. En 2017, il devient le premier capitaine d'équipe à remporter la coupe Davis trois fois.

Maurice Ashley a marqué l'Histoire en devenant le premier GRAND MAÎTRE INTERNATIONAL D'ÉCHECS afro-américain. Il est aussi auteur de livres, commentateur de parties d'échecs et inventeur de casse-têtes.

Enfant, Maurice Ashley apprend les échecs à Kingston, en Jamaïque, en regardant jouer son frère et ses amis. À 12 ans, il quitte sa ville natale pour rejoindre New York.

Au lycée, il perfectionne son jeu et développe sa concentration dans les parcs et les clubs d'échecs de Brooklyn. Il continue de participer à des tournois d'échecs qu'il ne cesse de remporter. Il devient le premier grand maître international – c'est le titre le plus prestigieux pouvant être décerné aux échecs – d'origine afro-américaine.

Aujourd'hui, il invente des casse-têtes et commente les plus grands tournois d'échecs du monde. Il intervient aussi à Harlem, où il entraîne des enfants tout en faisant la promotion du jeu auprès des jeunes du quartier.

Cet enfant de banlieue qui est parvenu à inscrire son nom au panthéon des joueurs d'échecs a un jour déclaré, en parlant des jeunes des quartiers défavorisés : **« Toutes ces roses qui sortent du béton n'ont qu'un souhait : vivre leur passion et devenir célèbre. »**

Alexandre Dumas est l'AUTEUR des célèbres romans que sont *Le Comte de Monte-Cristo* et *Les Trois Mousquetaires*, traduits dans plus d'une centaine de langues.

Connu pour ses romans d'aventures historiques, cet auteur et écrivain de théâtre français naît en 1802 sous le nom d'Alexandre Dumas Davy de La Pailleterie.

Enfant, il habite Villers-Cotterêts avec sa mère, Marie-Louise, et son père, Thomas Alexandre. À l'époque, ce dernier est le militaire noir le plus haut gradé d'Europe.

À 20 ans, Alexandre emménage à Paris, où il devient secrétaire auprès du duc d'Orléans, le futur roi Louis-Philippe. Il se met alors à écrire des drames romantiques et des comédies. Grâce au succès de ses écrits, il finit par se faire construire le château de ses rêves : le château de Monte-Cristo.

Malheureusement, il contracte de nombreuses dettes qui le forcent à s'exiler en 1851. À la fin de sa vie, l'auteur de la célèbre devise **« Tous pour un, un pour tous ! »** aura publié plus de 100 000 pages de récits.

MARTIN LUTHER KING, JR.
7089
15 JANVIER 1929 - 4 AVRIL 196
ATLANTA, GÉORGIE-ÉTATS-UNI

I HAVE A DREAM

Leader parmi les plus influents de l'histoire des États-Unis, Martin Luther King, Jr. est un MILITANT DES DROITS CIVIQUES qui a consacré sa vie à promouvoir l'égalité raciale.

Martin Luther King, Jr. est un idéaliste qui agit pour concrétiser ses rêves. Bien avant de devenir célèbre pour ses discours retentissants, il imagine déjà un monde dans lequel **« les enfants ne seraient pas jugés sur la couleur de leur peau, mais sur la valeur de leur caractère »**.

Fils de pasteur, Martin, né Michael, saute deux classes au lycée, ce qui lui vaut d'être admis à la prestigieuse Morehouse University à l'âge de 15 ans. Inspiré par la religiosité de son père, il obtient plus tard un doctorat en théologie.

En 1955, il devient le porte-parole de la campagne de boycott des bus de Montgomery, qui vise à mettre fin à la ségrégation raciale dans les bus de ville. Il accroît son soutien en faveur des droits civiques en organisant des manifestations pacifiques.

Martin participe à l'organisation de la Marche sur Washington pour l'emploi et la liberté en 1963 ; c'est à cette occasion qu'il prononce son célèbre discours « I have a dream ». Un an plus tard, le Congrès des États-Unis adopte une série de lois, le Civil Rights Act, rendant la ségrégation illégale.

En 1964, Martin reçoit le prix Nobel de la paix et contribue à faire passer le Voting Rights Act, une loi interdisant les discriminations dans le vote. Bien qu'il soit décédé avant d'avoir vu son rêve d'égalité raciale et économique pour tous se réaliser, le pasteur King a offert un avenir plus lumineux aux générations suivantes. « Il faut être dans l'obscurité pour voir les étoiles », a-t-il dit un jour.

Désormais, aux États-Unis, un jour férié lui est consacré : le Martin Luther King Day est célébré chaque année le troisième lundi de janvier.

MAYA ANGELOU

4 AVRIL 1928 - 28 MAI 2014
SAINT-LOUIS, MISSOURI
ÉTATS-UNIS

Reconnue pour ses poèmes, ses essais, ses scénarios et son jeu d'actrice, Maya Angelou est une ÉCRIVAINE et MILITANTE DES DROITS CIVIQUES.

L'enfance de Maya Angelou est difficile. Après le divorce de leurs parents, elle et son frère vont vivre avec leur grand-mère dans la ville de Stamps, en Arkansas. Là-bas, l'oncle de Maya lui apprend à lire et c'est ainsi que naît sa passion pour les livres.

À 7 ans, Maya est agressée par le compagnon de sa mère. Ébranlée, elle reste muette pendant des années. Plus tard, elle racontera cette expérience dans son autobiographie, intitulée *Je sais pourquoi chante l'oiseau en cage*.

Adulte, Maya devient la première femme conductrice de tramway de San Francisco et la première Afro-Américaine à voir l'un de ses scénarios porté à l'écran.

Auteure de sept essais autobiographiques, elle a lutté toute sa vie pour l'égalité des droits des femmes et des Afro-Américains. **« À vous seuls, vous pouvez. Vous n'avez rien à prouver à qui que ce soit »**, a-t-elle déclaré un jour.

Connue pour son franc-parler et pour ses interprétations endiablées, Nina Simone est une CHANTEUSE, PIANISTE et MILITANTE DES DROITS CIVIQUES qui a brisé les barrières culturelles.

Nina commence à jouer du piano à 3 ans, alors qu'elle n'atteint même pas les pédales. Enfant solitaire, elle se console en se rapprochant des autres à travers la musique.

À partir de 6 ans, elle suit des cours pour devenir pianiste classique. À 12 ans, elle doit interrompre l'un de ses récitals, car ses parents, victimes de discrimination, se font chasser de leur place ; elle exige alors leur retour au premier rang.

Sa communauté croit en elle et organise une levée de fonds afin qu'elle poursuive sa scolarité à la Julliard School of Music. Quand elle se retrouve à court d'argent, elle se produit dans des clubs de jazz pour se renflouer. De plus en plus de fans la suivent et, en 1957, un album rassemblant ses vingt titres à succès, intitulé *I Loves You, Porgy*, la propulse sur la scène internationale.

Dans les années 1960, Nina se sert de sa notoriété pour faire entendre la voix du mouvement des droits civiques. **« Les jeunes n'ont aucune excuse : ils doivent savoir qui étaient les héros et les héroïnes »**, dit-elle. Furieusement indignée par l'injustice sociale aux États-Unis, elle vit à l'étranger à partir de 1973 et jusqu'à sa mort.

OR
OR
SIMONE
BILES
14 MARS 1997
COLUMBUS, OHIO
ÉTATS-UNIS

La GYMNASTE Simone Biles détient le record américain de médailles aux Jeux olympiques et aux championnats du monde. C'est elle qui a conduit l'équipe olympique américaine de gymnastique féminine à la victoire en 2016.

Simone Biles défie la gravité bien avant de devenir la gymnaste féminine la plus médaillée d'Amérique. Dès son plus jeune âge, elle fait preuve d'une grande audace en affrontant ses frères au trampoline, en escaladant les boîtes aux lettres ou en apprenant seule à réaliser un saut périlleux arrière.

Élevés au Texas, Simone et ses frères et sœurs sont placés dans des familles d'accueil, leur mère biologique étant dans l'incapacité de les élever. Ses grands-parents l'adoptent avec sa sœur, et leur procurent un soutien sans faille.

À 6 ans, son talent naturel attire l'attention de l'entraîneur de gymnastique local et elle commence à prendre des leçons.

Elle développe sa puissance musculaire en s'exerçant avec sa sœur et suit des programmes très stricts pour se perfectionner.

Grâce à sa détermination, elle remporte l'or olympique, même si, en contrepartie, son emploi du temps exigeant l'oblige à manquer les soirées où se rendent ses camarades de classe. Mais ses incroyables aptitudes dans les exercices au sol portent leurs fruits. Elle devient la première gymnaste depuis 1974 à gagner quatre titres consécutifs au concours général des championnats des États-Unis, et la première femme à être sacrée championne du monde au concours général trois années successives. Quand on la questionne sur son succès, elle répond simplement qu'**« entrer dans l'Histoire, c'est cool »**.

Simone est aussi la plus petite des 555 athlètes américains lors des JO de 2016, alors qu'elle surpasse tout le monde dans sa discipline. Lorsqu'une candidate de l'émission *Danse avec les stars* lui reproche de ne pas assez sourire pendant ses entraînements, elle rétorque : « Ce n'est pas avec un sourire qu'on gagne des médailles d'or. »

Stevie Wonder

13 MAI 1950 • SAGINAW, MICHIGAN - ÉTATS-UNIS

Stevie Wonder est un MUSICIEN abondamment récompensé, un enfant prodige devenu une légende de la culture pop.

Troisième enfant d'une famille de six, Stevland Hardaway Judkins Morris naît prématuré à Saginaw, dans le Michigan. Il perd la vue suite à cette naissance précoce.

À 11 ans, Stevland signe un contrat avec la célèbre maison de disques Motown. Deux ans plus tard, désormais connu sous son nom de scène – Little Stevie Wonder –, il arrive en tête du hit-parade avec sa chanson « Fingertips ». C'est la première fois qu'un enregistrement live, un single qui plus est, accède à cette place.

Enfant prodige, Wonder enchante le monde entier avec sa maîtrise de l'harmonica, du piano, de la batterie, mais aussi avec son incroyable voix. Lorsqu'il mue en grandissant, Motown envisage de le laisser tomber. C'est pourquoi il abandonne « Little » dans son nom pour affirmer son identité en tant que Stevie Wonder, chanteur désormais adulte.

Aveugle, Stevie se sert de sa voix pour faire partager son espoir pour l'humanité. Il a un jour déclaré : **« Ce n'est pas parce qu'un homme n'a pas l'usage de ses yeux qu'il ne voit pas. »**

Vingt-cinq fois lauréat des Grammy Awards, il fait partie des soixante artistes qui vendent le plus de disques au monde. Il met à profit cette popularité en soutenant des causes. C'est en partie grâce à lui que le jour de l'anniversaire de Martin Luther King, Jr. est aujourd'hui férié aux États-Unis.

Esperanza Spalding est une CONTREBASSISTE, BASSISTE et CHANTEUSE DE JAZZ.

Esperanza Spalding naît d'une mère célibataire métisse dans ce qu'elle-même décrit comme un « milieu difficile » à Portland, dans l'Oregon. C'est une enfant pleine de curiosité, portée par sa passion pour la musique de tous horizons.

À 4 ans, elle découvre le violoncelliste Yo-Yo Ma en regardant un épisode de la série *Mister Rogers' Neighborhood*. Inspirée par sa musique, elle apprend seule à jouer du violon à l'âge de 5 ans et se produit en concert avec la Société de musique de chambre de l'Oregon jusqu'à l'âge de 15 ans.

Grâce à une bourse, Esperanza est scolarisée à la Northwest Academy, où elle étudie le hautbois et la clarinette. Au lycée, elle se tourne vers la contrebasse et se met à écrire des chansons pour un groupe de rock local.

Au Berklee College of Music, elle commence à faire parler d'elle grâce à son talent exceptionnel pour la composition, sa capacité à chanter dans trois langues différentes et son jeu à la basse. Elle attribue son style exceptionnel à ses influences variées. **« Ce n'est pas parce que vous êtes écrivain et que vous écrivez des romans que vous ne lisez rien d'autre »**, explique-t-elle.

Son ouverture d'esprit est sa marque de fabrique qui lui a permis de remporter, en 2011, le Grammy Award de la meilleure nouvelle artiste.

RÉALISATEUR et COMÉDIEN applaudi par la critique, Sir Sidney Poitier est le premier Afro-Américain à avoir remporté l'Oscar du meilleur acteur.

Il naît prématurément, alors que ses parents sont en vacances en Floride. Ses chances de survie sont réduites, mais il reprend finalement des forces et grandit aux Bahamas dans la ferme familiale, qui produit des tomates.

Son père, qui s'inquiète de voir son fils mal tourner, l'envoie vivre avec son frère à Miami quand il a 14 ans. Mais à 16 ans, Sidney part pour New York après avoir eu affaire au Ku Klux Klan, une organisation raciste et violente.

Là-bas, il vit de petits boulots et peine à joindre les deux bouts. Un jour, il tombe sur une brochure : l'American Negro Theater recrute des comédiens. Ne sachant ni chanter ni danser, alors que c'est ce qu'on demande aux acteurs noirs à l'époque, il se concentre sur la comédie.

Sidney a une devise qu'il respecte scrupuleusement : **« Simplement se réveiller chaque matin en étant une personne meilleure que lorsqu'on s'est couché la veille. »** Il devient le premier Afro-Américain à recevoir un Oscar pour son interprétation dans le film *Le Lys des champs*, contribuant à faire évoluer l'image des personnes de couleur au cinéma.

OPRAH WINFREY

29 JANVIER 1954
KOSCIUSKO, MISSISSIPPI ÉTATS-UNIS

Oprah Winfrey est l'une des ANIMATRICES de talk-show les plus connues au monde. Elle est aussi actrice et productrice et possède une chaîne de télévision.

De son vrai nom « Orpah », elle naît dans le Mississippi d'une mère adolescente et célibataire. Comme son nom est souvent déformé, elle le transforme en « Oprah ». Elle est élevée par sa grand-mère, qui lui apprend à lire avant l'âge de 3 ans.

À 6 ans, elle part vivre avec sa mère, souvent absente à cause de son travail de femme de ménage. La vie est dure à la maison et Oprah s'enfuit. Malgré son enfance difficile, elle se distingue à l'école par ses talents d'oratrice, qui lui permettent d'obtenir une bourse complète pour l'université d'État du Tennessee.

À 19 ans, Oprah devient la première présentatrice noire du journal télévisé de Nashville. Forte de son succès, elle lance *The Oprah Winfrey Show*, qui devient célèbre dans le monde entier durant vingt-cinq saisons.

Oprah a encouragé ses téléspectateurs à suivre son exemple, en **« transformant les blessures en sagesse »**. Son message constructif a inspiré des millions de personnes, jusqu'au président Obama, qui lui a remis en 2013 la médaille présidentielle de la Liberté.

Pelé est considéré par beaucoup comme le plus grand JOUEUR DE FOOTBALL de tous les temps.

Éblouissant dès ses débuts, le petit Edson doit son prénom à l'inventeur de l'ampoule électrique, Thomas Edison. Ses parents Dona Celeste et « Dondinho » Ramos l'élèvent dans les bidonvilles de São Paulo.

Quand Edson n'est pas à l'école ou dans le magasin de thé où il travaille, il s'entraîne avec son père, ancien buteur contraint de prendre sa retraite à cause d'une blessure. Trop pauvre pour se payer un ballon, il joue avec un pamplemousse ou des chaussettes nouées en boule.

Son père lui apprend la « ginga », un mouvement de jambes qui sert de base à la capoeira – un art martial développé par les esclaves africains au XVIe siècle pour échapper à leurs maîtres. Puis il le pousse à s'inscrire dans un club de jeunes footballeurs dont l'entraîneur est un ancien joueur de l'équipe nationale du Brésil.

À 15 ans, Edson est pris à l'essai dans l'équipe professionnelle de Santos. Il marque son premier but un an plus tard, puis il est sélectionné dans l'équipe nationale, qu'il conduit, à 17 ans à peine, jusqu'à la victoire en Coupe du monde – un titre que le Brésil obtient alors pour la première fois de son histoire.

Sa devise ? **« Tout est question d'entraînement. »** Sacré joueur du siècle par la FIFA en 1999, il explique que c'est son dévouement au football qui lui a permis de gagner trois Coupes du monde.

Nelson Mandela

18 JUILLET 1918 – 5 DÉCEMBRE 2013
MVEZO, TRANSKEI, AFRIQUE DU SUD

Nelson Mandela est un ancien PRÉSIDENT DE L'AFRIQUE DU SUD qui a reçu le prix Nobel de la paix.

Il naît sur les berges d'une rivière, dans un village d'Afrique du Sud, de parents issus de la famille royale du peuple Tembu. Ces derniers le prénomment « Rolihlahla », ce qui signifie « fauteur de troubles » en langue xhosa. Il se montrera à la hauteur de ce nom jusqu'à la fin de sa vie.

Rolihlahla adore apprendre. Il dira plus tard que « l'éducation est l'arme la plus puissante que l'on puisse utiliser pour changer le monde ». Il est le premier de sa famille à aller à l'école, où l'institutrice décide de l'appeler « Nelson ».

Il est alors persécuté à cause de l'apartheid, une politique qui discrimine les personnes selon leur couleur de peau. Bien que majoritaires, les Noirs n'ont à l'époque aucune influence sur la manière dont leur pays est géré ; ils n'ont pas accès à l'éducation et souffrent des importantes inégalités de salaire. Lorsqu'ils tentent de revendiquer leurs droits, ils sont violemment réprimés.

Nelson s'exprime publiquement pour défendre les droits de l'homme. Suite à ses discours, de grandes entreprises cessent de commercer avec l'Afrique du Sud. Pour avoir défendu l'égalité, il est condamné à 27 années de prison et enfermé dans une minuscule cellule du pénitencier de Robben Island.

Le « fauteur de troubles » a agi pour la bonne cause et son pays en est à jamais transformé. Après « un long chemin vers la liberté » – c'est le titre qu'il donne à ses mémoires – il est célébré pour avoir promu la paix et rassemblé les peuples. Plus tard, en négociant avec le président De Klerk, il contribue à mettre un terme à l'apartheid et conduit son pays dans une transition pacifique vers la démocratie, qu'il assoit en devenant président en 1994. Il vit en accord avec sa devise : **« Les choses nous paraissent toujours impossibles, jusqu'à ce qu'on les réalise. »**

Il meurt en 2013, mais l'héritage qu'il laisse – la résistance, l'espoir et la dignité – reste bien vivant au sein de la nouvelle génération, née libre, en Afrique du Sud.

Surnommé « Satchmo » ou « Pops », Louis Armstrong est un MUSICIEN, COMPOSITEUR et CHANTEUR. Il est célèbre pour ses chansons « What a Wonderful World » et « La Vie en rose ».

Louis naît dans un quartier de La Nouvelle-Orléans tellement difficile qu'on le surnomme « le champ de bataille ». Quand son père déserte le foyer familial, il doit abandonner l'école pour se faire quelques sous en glanant des objets et en livrant du charbon, afin de subvenir aux besoins de sa famille.

Adolescent, Louis est arrêté après avoir tiré un coup de feu en l'air avec le fusil de son beau-père, lors d'une soirée. Il est alors placé dans un foyer pour garçons. C'est là qu'il apprend à jouer du cornet à pistons et qu'il se découvre une passion pour la musique.

En 1914, le cornettiste Joe **« King Oliver »** lui donne des leçons et le laisse parfois le remplacer lors de concerts. Il est alors invité à se produire avec le meilleur orchestre de la ville, Kid Ory's. Dans les années 1920, il devient célèbre pour sa voix et sa maîtrise de la trompette.

Musicien de jazz à ses débuts, il est ensuite applaudi comme un virtuose doté d'un talent exceptionnel. Ses mélodies rythmées et son jeu de scène lui valent de recevoir un Grammy Hall of Fame Award, pour avoir envoûté les cœurs de sa génération et de celles qui suivront.

La MILITANTE DES DROITS CIVIQUES

Rosa Parks a un jour refusé de céder sa place dans le bus à un passager blanc, déclenchant le boycott des bus de Montgomery.

Cette rebelle engagée est la fille d'un charpentier et d'une enseignante. Née dans l'Alabama, elle part vivre dans la ferme de ses grands-parents à l'âge de 2 ans. Anciens esclaves, ces derniers habitent à Pine Level, une ville où règne la ségrégation raciale.

Enfant, Rosa entend le Ku Klux Klan, un groupe qui prône la haine, passer à cheval près de chez elle la nuit. Elle craint qu'ils ne brûlent sa maison. Mais malgré les risques, elle ne se laisse pas faire quand de jeunes Blancs la brutalisent.

En 1955, Rosa, assise dans la section pour gens de couleur d'un autobus, refuse de laisser sa place à un Blanc qui la lui réclame sous prétexte que le compartiment réservé aux Blancs est complet. Quand on lui demande si c'est parce qu'elle était fatiguée qu'elle ne s'est pas levée, Rosa répond : **« J'étais surtout fatiguée de devoir toujours céder. »**

Elle est arrêtée par la police et, en signe de protestation, tous les Noirs de la ville se mettent à boycotter les bus. La ville de Montgomery se retrouve alors forcée de mettre fin à la ségrégation dans les bus publics.

Rosa demeure militante pour le restant de ses jours et soutient de nombreuses causes. Le Congrès américain la nomme « mère du mouvement pour la liberté ». Aujourd'hui, son héritage se perpétue à travers tous ceux qui refusent d'obéir à des lois injustes qui divisent et portent atteinte aux peuples.

Naomi Campbell est MANNEQUIN et ACTRICE. C'est la première femme noire à avoir fait la couverture de l'édition française du magazine *Vogue*.

Naomi est sous le feu des projecteurs depuis son très jeune âge. À 3 ans, elle est inscrite dans une école d'art dramatique et à 7 ans elle fait ses débuts à la télévision dans le clip de l'hymne reggae de Bob Marley « Is This Love ».

Élevée en Italie par sa mère, une danseuse professionnelle d'origine sino-jamaïcaine, elle vit chez des proches quand celle-ci est en tournée.

De retour en Angleterre, elle étudie la danse classique à l'Italia Conti Academy. À 15 ans, alors qu'elle fait les magasins, elle est repérée par la directrice d'une agence de mannequins. Elle fait la couverture du *Elle* britannique avant son 16e anniversaire.

Naomi devient la première femme noire à faire la couverture des éditions française et britannique de *Vogue* et de *Time*. Ses longues enjambées sur les podiums séduisent les plus grands créateurs de mode de la planète, qui la veulent comme mannequin. Confrontée à la discrimination dans un secteur essentiellement dominé par des Blancs, Naomi persiste et déclare : **« Je ne me tairai pas. »** Elle dénonce le racisme dans le monde de la mode afin de le faire évoluer vers plus de diversité.

Samuel Coleridge-Taylor est un COMPOSITEUR anglais métis, surnommé « le Mahler* noir ».

Samuel commence le violon à l'âge de 5 ans. Inspiré par un oncle musicien professionnel, il rejoint un chœur d'église, où il développe son talent.

À 15 ans, Samuel entre au Royal College of Music, à Londres, où il tombe amoureux de sa camarade de classe Jessie. Bien que les parents de la jeune fille s'opposent à leur relation à cause des origines de Samuel, ils se marient malgré tout et ont un fils qu'ils appellent Hiawatha.

Samuel compose des morceaux classiques associant des airs traditionnels et de la musique orchestrale. En 1898, la première représentation de son chef-d'œuvre ***Hiawatha's Wedding Feast*** connaît un franc succès et lance sa célébrité.

Confronté à de nombreuses injustices, il est toutefois invité à la Maison-Blanche par le président Roosevelt, ce qui est très rare à l'époque pour une personne de couleur. En 1910, il se dresse à nouveau contre les discriminations en dirigeant des orchestres blancs lors de tournées aux États-Unis.

Malgré sa mort précoce, à l'âge de 37 ans, il aura ouvert le chemin de la musique classique aux artistes noirs pour les générations à venir.

*Un grand compositeur et chef d'orchestre autrichien.

Mohamed Ali est un CHAMPION DE BOXE poids lourds connu dans le monde entier, célèbre pour sa ténacité.

À 12 ans, Cassius Clay se fait voler son vélo. Il va alors voir Joe Martin, un officier de police, et lui annonce qu'il va retrouver le voleur et lui casser la figure. Joe Martin lui répond qu'il doit pour cela savoir se battre et lui apprend à boxer.

Sa rapidité de déplacement par rapport aux autres boxeurs de sa catégorie lui permet de gagner cent combats sur cent cinq. En 1960, il remporte la médaille d'or des Jeux olympiques en Italie, grâce à ses puissants coups de poing. C'est à la suite de cette victoire à Rome qu'il devient boxeur professionnel. Chaque fois qu'il prépare un combat, il se promet **« de flotter comme un papillon et de piquer comme une abeille »**. Cette plaisanterie devient sa fierté lorsqu'il est sacré champion du monde dans la catégorie des poids lourds. Peu après, il se convertit à l'islam et change de nom pour devenir Mohamed Ali.

En 1981, Mohamed Ali raccroche ses gants de boxe. Il est par la suite décoré de la médaille présidentielle de la Liberté et aide les Nations unies à distribuer de la nourriture, des médicaments, des vêtements et à éduquer les gens dans le besoin.

Shirley Chisholm est la première MEMBRE DU CONGRÈS des États-Unis d'origine afro-américaine.

Shirley est l'aînée de quatre filles, nées de parents immigrés. À 5 ans, elle embarque pour la Barbade pour vivre dans la ferme de sa grand-mère alors que ses parents travaillent à New York. Elle est scolarisée dans une toute petite école, avec des maîtres très sévères qui l'aident à perfectionner ses talents en expression orale comme écrite.

En 1939, Shirley revient à Brooklyn. À l'université, un professeur remarque son esprit vif et ses capacités d'oratrice et la pousse à s'engager en politique. Elle veut rejoindre le groupe d'éloquence et, comme les Noirs y sont interdits, elle ouvre son propre club.

Shirley ne demande pas d'autorisation pour être admise. Elle prend sa place, sachant qu'elle y a droit, et ouvre la voie à d'autres : **« Si l'on ne vous laisse pas de place à table, alors venez avec votre chaise pliante. »**

Sa détermination la conduit à devenir la première candidate afro-américaine aux élections présidentielles, en 1972. En 2015, le président Obama lui remet la médaille présidentielle de la Liberté à titre posthume.

Steve McQueen est un RÉALISATEUR PLASTICIEN, SCÉNARISTE et PRODUCTEUR britannique.

Steven naît en 1969 à Londres de parents ouvriers originaires de la Trinité et de la Grenade. À 5 ans, il montre des aptitudes artistiques prometteuses : la bibliothèque de Shepherd's Bush affiche même un dessin qu'il a fait de sa famille.

Mais Steve est très tôt confronté à l'injustice. Artiste doué, il comprend, à 13 ans, que certains élèves sont privilégiés, tandis que d'autres sont poussés vers les métiers manuels. Attristé par le manque de soutien de son école, il se réfugie dans le dessin. Il aspire à suivre la voie de grands artistes de couleur et se démène pour obtenir ses diplômes.

Son père souhaite qu'il se forme rapidement à un métier, mais son talent artistique lui ouvre les portes du College of Arts de Chelsea, puis d'une école de cinéma.

Plus tard, il réalise un long-métrage tiré de *Twelve Years a Slave*, les mémoires d'un Afro-Américain libre qui a été kidnappé et vendu comme esclave. Son film remporte un Oscar et sensibilise le grand public aux horreurs de l'esclavage. En 2014, Steve dédie son prix à toutes les personnes concernées par l'esclavage. Il déclare : **« Tout le monde mérite non seulement de survivre, mais surtout de vivre. »**

Zadie Smith est une ROMANCIÈRE, essayiste et auteure de nouvelles qui a reçu de nombreux prix.

Prénommée Sadie à sa naissance, elle est élevée à Londres par une mère jamaïcaine et un père anglais. Enfant studieuse et créative, elle consacre beaucoup de temps à sa passion pour les claquettes et la comédie musicale.

À 14 ans, Sadie devient « Zadie ». Inspirée par son auteur préféré, Vladimir Nabokov, elle commence à affirmer son style littéraire. Zadie étudie à la prestigieuse université de Cambridge. À cette époque, l'écrivaine en herbe gagne sa vie comme chanteuse de jazz et publie des nouvelles dans une collection qui attire l'attention d'un éditeur.

Elle écrit son premier roman, *Sourires de loup*, au cours de sa dernière année à l'université. Le livre, qui raconte l'histoire de trois familles très différentes dans le Londres d'aujourd'hui, est salué par la critique à sa parution. Dès lors, sa carrière est lancée : elle devient une auteure primée et donne des cours de création littéraire.

Voici le conseil qu'elle donne à ceux qui souhaitent devenir écrivains : **« Tant que vous êtes encore enfant, lisez beaucoup de livres. Accordez plus de temps à la lecture qu'à toute autre activité. »**

BOLT

Usain Bolt est un SPRINTER RECORDMAN DU MONDE, c'est-à-dire l'homme le plus rapide de la planète.

Bien avant de gagner huit titres olympiques et d'être sunommé « la Foudre », Usain St Leo Bolt naît de parents épiciers, dans le petit village de Sherwood Content, à la Jamaïque. Quand Usain et ses frères et sœurs n'aident pas dans le magasin, ils imitent leurs parents, tous deux très sportifs, en courant, en jouant au cricket et au football.

À l'âge de 10 ans, le petit Usain commence à distancer sa mère et son père. Ces derniers l'aident alors à s'améliorer en cultivant des patates douces pour le rendre plus fort. Grâce à ce régime typiquement jamaïcain et à son amour du sport, il devance ses camarades de classe.

À 12 ans, il concourt pour la paroisse de Trelawny lors de la rencontre annuelle nationale des écoles primaires et gagne la course sur 100 mètres. Plus tard, il acquiert une notoriété internationale en devenant le plus jeune vainqueur des championnats de monde juniors sur 200 mètres.

Bien qu'extrêmement rapide et naturellement doué pour la course, Bolt doit vaincre des blessures à répétition, liées à une scoliose qu'il a eue enfant. Au fil du temps, il apprend à surmonter ce problème en renforçant son dos et son ossature.

Si Bolt respecte les grands athlètes qui lui ont ouvert la voie, il revendique fièrement son titre d'homme le plus rapide du monde: **« Beaucoup de légendes sont passées avant moi, mais cette fois, c'est mon tour. »**

Wangari Maathai est une MILITANTE ÉCOLOGISTE kenyane, prix Nobel de la paix.

Wangari grandit dans une ferme, dans une région montagneuse du Kenya. Sa famille vit entourée d'arbres fruitiers luxuriants et de rivières. Elle est scolarisée à 8 ans, ce qui est rare pour une fille à l'époque. Très tôt, elle se passionne pour les êtres vivants, se préoccupe de leurs origines et de leur rôle.

Plus tard, sur les bancs de l'université aux États-Unis, elle s'intéresse au mouvement pour les droits civiques. Quand elle retourne dans son pays, elle découvre avec effroi que de nombreux arbres auxquels elle est très attachée ont été abattus par les constructeurs. Elle comprend que les sols se tarissent à cause de la sécheresse et que les récoltes en font les frais. Elle lance alors le Mouvement de la ceinture verte, dont le but est de planter des arbres pour lutter contre la déforestation au Kenya.

Wangari mène ce combat en plantant plus de 30 millions d'arbres et en donnant à plus de 30 000 femmes les moyens nécessaires pour construire une vie meilleure. Elle déclare : **« L'important, ce sont les petites actions que mènent les citoyens. C'est ce qui fera la différence. Ma petite action à moi, c'est de planter des arbres. »**

Elle meurt en 2011, mais les graines qu'elle a plantées pour préserver la nature continuent à pousser dans le monde entier.

L'ASTRONAUTE Mae C. Jemison est la première Afro-Américaine à avoir voyagé dans l'espace.

Petite, Mae regarde les étoiles avec fascination. Élevée par un charpentier et une enseignante en Alabama et à Chicago, elle fait preuve dès son enfance d'une grande curiosité. Lorsqu'elle ne se consacre pas à ses études, elle danse, joue dans des pièces de théâtre et lit des ouvrages scientifiques.

Mae est fascinée par l'astronomie et par le fonctionnement du corps humain. Son goût pour la science et la médecine la pousse à étudier l'ingénierie biochimique à l'université Stanford, puis à devenir médecin pour le Corps de la Paix au Sierra Leone et au Liberia.

« J'ai toujours su que j'irais dans l'espace », a-t-elle un jour déclaré. Elle rentre aux États-Unis bien décidée à réaliser le rêve de sa vie. Elle dépose sa candidature au programme d'entraînement des astronautes de la NASA et devient la première Afro-Américaine à intégrer le programme spatial de l'agence en 1987. En 1992, elle s'élève plus haut encore en devenant la première Afro-Américaine à se rendre dans l'espace.

Le MILITANT W. E. B. Du Bois est le cofondateur de l'Association nationale pour la promotion des gens de couleur.

William grandit à Great Barrington, une communauté du Massachusetts où les résidents noirs sont peu nombreux. Son père quitte le foyer familial alors qu'il est encore enfant.

Quand sa mère décède, il a 16 ans et se retrouve seul au monde. Dans l'adversité, il devient le premier étudiant noir à obtenir son diplôme de fin d'études secondaires. Il déclare : **« L'éducation et le travail sont les leviers qui permettent à un peuple de s'élever. »**

En 1885, William part étudier à l'université Fisk, dans le Tennessee. Là-bas, il apprécie d'avoir davantage accès à la culture noire. Mais il est confronté à la discrimination, ce qui le conduit à étudier les origines du racisme. C'est dans cet élan qu'il devient militant.

William, qu'on appelle désormais W. E. B., est alors l'un des plus importants porte-parole des Noirs au XXe siècle. Il est aussi le cofondateur de l'Association nationale pour la promotion des gens de couleur, un groupe multiracial de défense des droits civiques qui continue aujourd'hui encore à faire progresser la justice.

Nicola Adams est une BOXEUSE PROFESSIONNELLE originaire de Grande-Bretagne. Elle est la première femme à avoir gagné un titre olympique de boxe et détient plusieurs médailles d'or.

Depuis qu'elle est enfant, Nicola vainc tous les obstacles qui se dressent devant elle. Elle naît dans un quartier difficile de Leeds, où elle aime regarder avec son père des vidéos de combats de légende, comme ceux de Mohamed Ali. Elle tombe en admiration devant la grâce et l'agilité de ses mouvements et décide de devenir boxeuse professionnelle comme lui.

Bien qu'asthmatique et souffrant d'allergies, elle annonce à sa mère qu'elle gagnera un jour la médaille d'or et ce, plusieurs années avant que la boxe féminine ne devienne un sport olympique. Un jour, alors qu'elle a 12 ans, elle suit sa mère à la salle de sport, car personne ne peut la garder. Elle participe à un cours de boxe pour enfants et devient accro aux entraînements.

La plus médaillée des boxeuses de Grande-Bretagne gagne son premier combat à 13 ans, malgré le manque d'opportunités pour les athlètes féminines. Elle est la première femme à obtenir un titre olympique de boxe, dans la catégorie des poids mouches. Elle dira : **« J'ai simplement toujours voulu gagner. Je ne pense jamais à la défaite avant qu'elle se produise. »**

Venus

Serena Williams et sa sœur Venus Williams sont considérées comme deux des meilleures JOUEUSES DE TENNIS de l'Histoire.

Les sœurs Williams sont deux des cinq filles de Richard et Oracene Williams. **« La famille passe avant tout, c'est l'essentiel. Nous sommes conscientes que notre amour est plus intense que notre passion pour le tennis »**, a un jour déclaré Serena.

Leur père Richard, métayer en Louisiane, rêve de voir ses filles devenir championnes de tennis. Il se plonge dans des manuels et des vidéos de préparation pour leur apprendre à jouer alors qu'elles n'ont que 3 ans. Ses efforts portent leurs fruits. À 4 ans, Serena gagne son premier tournoi.

Quand les filles sont encore enfants, la famille déménage dans un quartier difficile de Compton, en Californie. Au sein de cet environnement hostile, leur père les pousse d'autant plus à étudier et à travailler dur.

Avec son soutien, les filles s'entraînent parfois sur des courts accidentés ou sans filet, pendant au moins deux heures chaque jour. Elles vont jusqu'à casser les cordes de leurs raquettes à force de frapper à pleine puissance dans la balle, parfois cinq cents fois de suite. C'est lors de ces entraînements qu'elles perfectionnent leurs puissants services.

Le tennis devient alors pour elles un refuge contre la violence qui mine leur communauté. C'est aussi ce qui leur permet de briller sur la scène mondiale lorsqu'elles deviennent célèbres, dans les années 1990. Malgré leur talent inégalé, elles font l'objet de critiques et subissent l'exclusion à cause du racisme et de leur style unique. Elles deviennent joueuses professionnelles avec une année d'écart et font aussi parler d'elles en dehors des courts pour leur implication dans des causes chères à leur cœur.

MISTY
COPELAND
10 Septembre 1982
KANSAS CITY, MISSOURI
ÉTATS-UNIS

Misty Copeland est la première ballerine afro-américaine à avoir été nommée DANSEUSE ÉTOILE de l'American Ballet Theatre, l'une des plus prestigieuses compagnies de ballet des États-Unis.

Misty a toujours fait preuve de constance et de souplesse d'esprit, en passant outre les nombreux conflits familiaux qui ont marqué son enfance.

Enfant, elle dort à même le sol dans des motels avec ses cinq frères et sœurs et ne mange pas toujours à sa faim. Puis elle part en Californie. Elle qui reçoit une éducation très stricte trouve une source de paix dans les classes de danse de sa nouvelle école. **« Quand j'ai découvert le ballet, c'est comme si j'avais trouvé une partie manquante de moi-même »**, explique-t-elle.

Alors qu'elle prend des cours sous la direction de Cindy Bradley, Misty est très inspirée par l'histoire et le travail de la gymnaste Nadia Comăneci et invente des chorégraphies sur les chansons de Mariah Carey. Sa motivation inébranlable l'amène à devenir capitaine de l'équipe de danse de son collège. C'est ainsi qu'elle accède aux ateliers pour jeunes danseurs de l'American Ballet Theatre, avant d'intégrer le corps de ballet.

En 2015, Misty devient la première danseuse étoile afro-américaine de l'histoire de la compagnie. Sa très grande agilité dans *L'Oiseau de feu* et *Casse-noisette* et son style exceptionnel lui confèrent une visibilité mondiale. Elle s'affirme ainsi comme l'une des rares danseuses classiques noires de très haut niveau. Le magazine *Time* la cite parmi les « cent personnalités les plus influentes » pour son travail d'avant-garde et son franc-parler sur la diversité dans le monde de la danse.

GALERIE de TALENTS

4

MARY SEACOLE

5

MATTHEW HENSON

6

AVA DUVERNAY

7

BESSIE COLEMAN

8

BARACK OBAMA

8

MICHELLE OBAMA

10

CHIMAMANDA NGOZI ADICHIE

11

CATHY FREEMAN

12

GEORGE WASHINGTON CARVER

13

MALORIE BLACKMAN

14

HARRIET TUBMAN

15

MO FARAH

16

JEAN-MICHEL BASQUIAT

17

JESSE OWENS

18

BEYONCÉ KNOWLES

19

SOLANGE KNOWLES

20

KATHERINE JOHNSON

21

JOSÉPHINE BAKE

22

KOFI ANNAN

23

LANGSTON HUGHES

24

TONI MORRISON

25
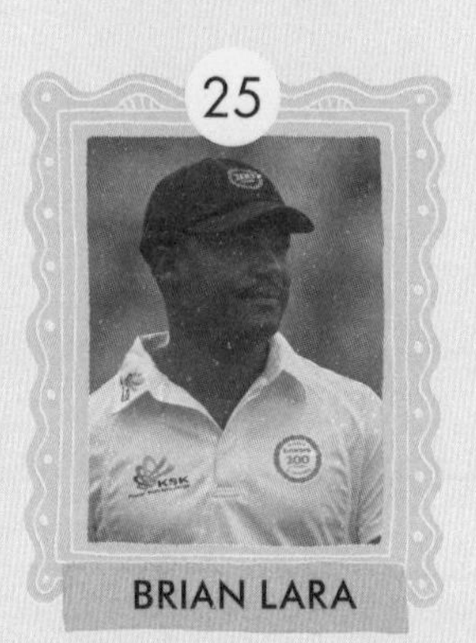
BRIAN LARA

26

MADAM C.J. WALKER

27

YANNICK NOA

28
URICE ASHLEY
29
ALEXANDRE DUMAS
30
MARTIN LUTHER KING, JR.
32
MAYA ANGELOU
33
NINA SIMONE
34
SIMONE BILES
36
TEVIE WONDER
38
ESPERANZA SPALDING
39
SIDNEY POITIER
40
OPRAH WINFREY
41
PELÉ
42
NELSON MANDELA
44
UIS ARMSTRONG
45
ROSA PARKS
46
NAOMI CAMPBELL
47
SAMUEL COLERIDGE-TAYLOR
48
MOHAMED ALI
49
SHIRLEY CHISHOLM
50
STEVE MCQUEEN
51
ZADIE SMITH
52
USAIN BOLT
54
WANGARI MAATHAI
55
MAE JEMISON
56
W. E. B. DU BOIS

57
ICOLA ADAMS

58
SERENA WILLIAMS

58
VENUS WILLIAMS

60
MISTY COPELAND

GLOSSAIRE

Militant : personne qui œuvre pour changer les choses

Droits civiques : droits communs à tous les êtres humains d'être libres et égaux

Culture : ensemble des productions artistiques et des idées d'un groupe

Discrimination : traitement injuste infligé à des personnes sur des critères de race, d'âge ou de genre

Égalité : fait de bénéficier des mêmes droits et de profiter des mêmes opportunités

Ségrégation : séparation des personnes en différents groupes sur la base de la couleur de peau

À Isa, puisses-tu trouver l'inspiration et la force de toujours vivre tes rêves.
A.P.

À Maman, Papa, à mes ancêtres et à la prochaine génération. Si je suis qui je suis, c'est grâce à vous.
J.W.

DES MÊMES AUTRICES

Casterman
Cantersteen 47, boîte 4
1000 Bruxelles
Belgique

www.casterman.com

ISBN : 978-2-203-16666-0
N° d'édition : L.10EJDN002040.A003

Publié aux États-Unis par Wide Eyed Editions, une division de Quarto Knows, sous le titre :
Young, Gifted and Black © Jamia Wilson 2018 pour le texte
© Andrea Pippins 2018 pour les illustrations
© Casterman 2018 pour l'édition française
Achevé d'imprimer en mars 2021, en Chine par Everbest Printing (Guangzhou) Co Ltd
334 Huanshi Road South, Nansha, Guangzhou.
Dépôt légal : septembre 2018 ; D.2018/0053/316
Déposé au ministère de la Justice, Paris (loi n°49.956 du 16 juillet 1949
sur les publications destinées à la jeunesse).